Dagfjärilar

Carl Abrahamsson

TRAPARTbooks

Dagfjärilar

ISBN 978-91-988713-0-2 (Hårdbunden)
ISBN 978-91-988713-1-9 (Mjukbunden)
ISBN 978-91-988713-2-6 (E-bok)

Trapart Books
Box 15
598 21 Vimmerby

info@trapart.net
www.trapart.net
www.carlabrahamsson.com
www.patreon.com/vanessa23carl

Innehåll

Dagfjärilar

Att skriva för sin samtid är att anamma dagfjärilens sinnelag och Gestalt – inte minst ur ett franskt perspektiv. Att skriva för framtiden tycks mer intelligent. Man iakttar dagfjärilen som ystert far än hit, än dit, och sedan försvinner. Det blir till en fascinerande historia som förvisso upprepat sig otaliga gånger förr, men som alltid bjuder upp till dans med det egna kreativa sinnet. Kanske kan man aldrig till fullo vara en del av samtiden om man väl en gång förstått perspektivet?

Att ändra ordningen

Våra lärosäten tycks ha fallit offer för en övergripande kulturell malaise, i vilken gränsen mellan självcensur och censur suddats ut av högljutt självpåtagna talesmän och kvinnor. Uppsala-devisen har onekligen bådat ont ända sedan den spikades upp, likt en illasinnad bulla. Men problemet är enkelt löst: man ändrar bara på ordningen, och släpper in luft och solsken igen: ”Tänka rätt är stort men tänka fritt är större.”

Fördelaktig negation

Det finns en rikedom i det outforskade som är lika stor som fattigdomen i det redan utforskade. Så lite vi trots allt behöver… Grundläggande livsförutsättningar, och så någon förströelse som krydda. En livsförutsättning är friheten att till fullo vara en egen individ. Den friheten är på inga sätt synonym med marknadens valfrihet. Snarare ligger den genuina friheten i att kunna avstå från dikterade val: definition per negation. Val av förströelse ger en tydlig indikation på vilken typ man har att göra med.

Förvandling

Den extatiska glädjen i att betrakta en blomma i trädgården blomma, och att ett bi direkt söker sig dit, ligger inte så mycket i det mirakulösa i sig som i att vi som civilisationsvarelser förvandlats från insiktsfulla vuxna till anings- och erfarenhetslösa småbarn.

Förgänglighet

Trädgårdsarbete är ett uttryck för en desperat vilja att kontrollera det vi vet är omöjligt att kontrollera. Utan vår tillsyn och personliga estetik skulle våra försök mycket snabbt vara övervuxna. I förlängning handlar det lika mycket om oss själva och den mänskliga naturen. Utan en övergripande tillsyn och estetisk filtrering (såsom "moral" av olika slag) skulle vi alla snabbt förvandlas till ogräs utan ordningssinne eller hänsyn. En angenäm rabatt kan omvandlas till ett vilt skogsparti på blott ett ögonblick.

Volatil vänskap

Jag tänker ofta att de småfåglar jag ger brödsmulor och frön är mina vänner. Det är naturligtvis önsketänkande från min sida. Mina frön ger tillfredsställelse i ögonblicket och jag kan just då drömma om en "naturlig symbios." Men så fort det givna tar slut är fåglarna försvunna, på jakt efter ännu en drömmare någon annanstans.

Ordningssinnet

Ciceros "profetia" är idag en integrerad del av mitt liv. En personlig accent för mig är det att det inte räcker med trädgården eller böckerna i sig. Jag måste känna mig omgärdad för att fungera optimalt. Jag föredrar en smula vildvuxet framför det alltför hårt tuktade. Kanske för att det stimulerar mitt eget ordningssinne, min egen ordningsprocess? Det finns risk för att man tappar det genuint egna om en omgivning blir alltför krävande eller dominerande. A propos: ett bibliotek kan mycket väl bestå av en enda bok; en trädgård av en enda blomma.

Mittpunkt

Det finns exakt lika många sanningar som lögner. Ju starkare någon av dem hävdas, desto närmare är vi mittpunkten i vilken de oftast upplöses i varandra. Kvar finns endast den hävdande, osäker på vad som är vad.

Befriande hädelse

Jag längtar tillbaka till en tid då man ensam och enkelt kunde döma en bok grundat på dess omslag. Det måste varit en tid då form var underkastad funktion och innehåll? Eller var det helt enkelt en tid då uttryck och signal saknade ironiska undertoner? Eller saknade dåliga samvetens kompensatoriska klagosånger? Eller saknade dunkla dagordningar mellan raderna? Vid närmare eftertanke tror jag mitt idealiserade tidevarv kanske aldrig existerat.

Tystnad, tagning

Min egen tystnad är alltid talande men det tycks bara vara jag själv som förstår att lyssna.

Tiderna förändras medan tiden står still

"Il faut cultiver notre jardin." Absoluta visdomsord. Men i vår tid har det utvecklats till en moralistisk projektion: "Il faut cultiver votre jardin."

Ligan på livstid

"Resan i österled"... Att upprätthålla en ungdomlig entusiasm – allra helst utan att "exotisera" omvärlden alltför mycket. Att ha vandrat runt och på Kailash kan ha varit det mest omvälvande jag någonsin tagit mig för. Men det är inte det exotiska i geografin, i kulturen, eller ens avståndet som avgör vilken effekt äventyret får. Det är min beslutsamhet och hängivenhet inför en idé som efter hårt arbete och uppoffringar blir till en påtaglig verklighet.

Tankegods

I det att den akademiska världen tar sig an nygamla och kontroversiella områden i det mänskliga psyket kan det som varit allmänt tankegods i tusentals år nu äntligen sorteras in på de lärdes dammiga hyllor av vår egen tids "häxdoktorer."

Synlig oöverskådlighet

Det är ett mänskligt karaktärsdrag att försöka objektifiera den egna själen. Att abstrahera förhållningssättet till den del av oss som är det enda som kan överskrida just den betraktandes eget kritiska perspektiv. Kanske är det just därför som själen förefaller vara så hotfull för den enklare människan? Hotfull och oöverskådlig, som en centralstation för de tåg som reser till och från helt främmande destinationer med en själv som enda passagerare?

"Själens uppehållsort är där inre och yttre värld berör varandra. Där de genomtränger varandra, är den i varje punkt."

Novalis berörde även en aningen djupare sanning: "Varje älskat föremål är mittpunkten i ett paradis." Likställde han här verkligen vår själ vid ett "älskat föremål" eller handlar det mer om ett barns förtrollade världsbild?

Oavsett vad, tycks vi ha det obegripligt svårt att helt enkelt – om än bara för ett ögonblick – låta det yttre och det inre beröra och genomtränga varandra. Så obegripligt svårt att det helt enkelt måste ligga något mer bakom oviljan att betrakta detta paradis mittpunkt.

Imse Vimse

Dramatik i rosenbusken: en spindel har vävt en väv mellan några stjälkar. En myra fastnar och förvandlas snabbt till en kokong-liknande godisbit. En stund senare anländer räddningstrupperna, med ytterligare myror som undersöker blommorna men som till slut inte alls tycks bry sig om myrkompisen. Spindeln är mycket uppspelt – kanske aftonen kommer att bjuda på en riktig fest! Oavsett hur detta slutar står en sak fast: det slutar aldrig. När människan är bortblåst från planetens yta kommer det vara ”business as usual” för alla andra arter.

Det påminner mig om en text jag skrev för några dagar sedan. Kanske blev den en smula profetisk?

“Det starka solskenet avslöjar spindels arbete; det som skördar i skuggan, i natten. Dess tunna trådar är som vackra, geometriska hägringar – såvida man inte själv sitter fast i nätet.”

Halvvägs till tomrum

Ovissheten om huruvida någon läser eller inte läser dessa mina penséer är mig lika futil som vissheten om att jag verkligen inte är intresserad av andras. Ska man mötas halvvägs när man egentligen redan är framme, eller stanna kvar i början till dess andra hastat iväg och förbi? Futil är mig även vissheten om denna ovisshet.

Spillda bönor

Vissa dagar gör sig tidigare dagar påminda så till den grad att de hämmar medvetet skapande av kommande dagar. Men det handlar främst om en tillfällig skevhet som tillåter en förmodligen nödvändig katarsis; inte om något skrivet i sten. Den viktigaste insikten i allt magiskt arbete: man måste lära sig att betrakta framtiden retrospektivt.

Förskjutning

Var dag är den andra lik om man så vill. Även om man inte vill så tycks det ändå som att var dag är den andra lik. Om man vill att var dag inte ska vara den andra lik så måste man verkligen vilja det – så till den grad att man själv måste åstadkomma ett försök till förändring. Om detta då faktiskt leder till den önskvärda förändringen så är det sannolikt att man då vill upprätthålla den varje dag. Då förskjuts viljan ditåt för att få var dag att bli den andra lik. Men även denna nya insikt blir vanligtvis snabbt en gammal vana och måste därför förändras. Till slut är man tillbaka där man började… Var dag är den andra lik, oavsett vad man vill.

"Sero mount deorum molae."

Infantilitets-cirkeln slutes

"Les coteries"... Eller som det heter på ren svenska: kotterierna. Det som borde vara en frösamling är ofta endast ett nepotism-kluster av lägsta sort, i vilket alla små frön är mer än villiga att stampa ned alla andra – nervöst leende gentemot kollektiva kotten. Det pratas hit och dit, och desperata resonanser sökes än här och än där. Det snaskas förvisso kotte hämningslöst men inte en enda kotte utanför den magiska infantilitets-cirkeln förstår vad som sker. Kotteriernas existens bygger på esoterisk samhörighet och en solidaritet som egentligen inte existerar. Men vad spelar det för roll om hundra år, eller ens om ett?

Snaska på!

Drömfärder

Det är lätt att åka vilse i andras drömfärder. Jag misstänker att det till syvende och sist handlar om ärlighet. Drömmen är ju ärlig så därför borde även uttrycket av den vara det.

Ergo: Jag drömde att jag pratade med DG. Han hade en bisarr mask på sig: rund, svart, med små hål för ögonen. På något sätt såg den militär ut: en matt yta som "Kevlar," samt vinklar/kanter snarare än endast runda former. Vi var båda spända och avvaktande. All vänskap var borta, som bortblåst av hans galenskap. Det var ledsamt, tragiskt.

Addendum: Vita somnium breve.

Non Serviam

Ju mer valfrihet, desto mindre frihet. Det som en gång representerade filosofiska ideal blev med tiden tyngande kättingar. Människans ande kränkes enklare av osynliga ideal och tvivel än av konkreta drakoniska hinder. Bilden av en tyrann brännes enkelt upp – så är inte fallet med självbilden.

Laissez-Faire

Strålande solsken, värme, en ståtlig klematis har precis börjat blomma i lila. Sitter ute och läser Louis Aragons *Le paysan de Paris*. Hur angenämt det än är, så kommer det ett ögonblick då man måste gå in igen. Dessutom närmar sig ett moln av det mörkare slaget. Så fort jag satt mig inomhus för att fortsätta läsa brakar en hagelskur lös, med rejäla bitar som formligen studsar mot mark, bord, soffa och blomsterlådor. Det är en märklig programmering i det monoteistiska sinnet som gör att min första association är att "undergången är nära." Eller så kanske den helt enkelt är det? Nåja, det får morgondagen utvisa.

Det egna ansvaret

De små, osynliga fienderna är uppenbarligen farligare än de stora och synliga. Eller? Oavsett om det handlar om virus i människokroppen eller i den elektroniska kommunikationskroppen eller "memetiskt" i självaste samhällskroppen så tycks problemet inte vara bristande förmåga att se dessa virus eller skapa insikter kring dem. Impotensen när det handlar om att agera mot dem är att det inte längre tycks finnas ett eget – än mindre gemensamt – tolkningsföreträde och beslutsfattande. Den största fienden på både makro- och mikro-parasitisk nivå är oviljan att hantera ansvar. Om det hela tiden är någon annan som ska hållas ansvarig så slipper man ju själv... Bekvämt! Till dess man inser att de som egentligen är mycket sämre lämpade redan sett möjligheten att roffa åt sig makt och förstöra lite till. Det är de små, osynliga fienderna som nu vuxit sig stora, synliga och högljudda.

Det nya motståndet: Ansvarstagande.

Realpolitikens essens: Att stärka den egna ryggraden.

Knack, knack

Orakulära element rör sig konstant mellan raderna. Det mänskliga sinnet arbetar för vår överlevnad även när vi inte är medvetna om det – och naturligtvis när en annan del av oss rör sig i motsatt riktning. Projektionerna på en "specialist" eller ett "verktyg" är i grund och botten inte alls nödvändiga för att förstå eller tolka signalerna. Det är i denna position man kan argumentera för att alla människor har konstnärlig potential – det är aldrig formalia som avgör utan endast hur vi betraktar och läser den bild vi tillåtit det ögonblickliga ödet att skapa genom vår försorg. Det ögonblicket är en nyckel som kan låsa upp den dörr bakom vilken evighetens mysterier väntar. Det är inte förvånande att de flesta av oss nekar till kännedom om att nyckeln ens existerar. Detta i sig är ett orakulärt element när vi tolkar dessa människor och kulturer. Man dyrkar den stängda dörren; inte vad som döljer sig bakom den. Man dyrkar farkosten; inte destinationen.

Hur lite vi trots allt förstått

Döden smittar. Livet är ju i grund och botten endast en väntan – om än en behaglig sådan. I vilken mån vi försöker skapa ett liv bortom döden indikerar hur lite vi trots allt förstått. Ansträngningen i den egna fåfängan är inte samma sak som genuin insikt eller livsvisdom – kanske är det faktiskt tvärtom. Man bör lyssna på dem som faktiskt vet, av egen erfarenhet. Men det gäller att lyssna noga.

Sinnelag

Fritt flödande associationsbanor underhåller och kväser tristess och rutin. Om man tar tillvara dessa och stöper dem genom formella restriktioner så uppstår idéer. Även dessa piggar upp. Odlar man dem vidare uppstår projekt, och inte sällan leder dessa till arbete. Därefter är steget inte långt till tristess och rutin. Men självklart är det en välsignelse snarare än en förbannelse att besitta dessa fritt flödande associationsbanor. De utgör en absolut frihet – kanske den starkaste av alla varianter. Även den som fysiskt är ofri kan vara helt fri i sinnet. Det är betydligt starkare än i motsatsförhållandet. Jag besitter båda dessa friheter och bör nog därför sätta punkt här.

Försöka duger!

"Paradiset" är ett försök att i tid och rum skapa ordning i kaos. Jag säger "försök" snarare än att hänvisa till någon form av resultat eller manifestation. Det är endast i strävandet någon genuin lycka kan upplevas. Hur mycket vi än tuktar eller ansar, lurar kaos bortom knuten. Det råder inga tvivel om vem som vinner i slutänden. Därför är själva skapandet av bilden eller dikten viktigare än andras eventuella läsning av dem. "Det är blott i ögonblicket vi sträva kan."

Andedräkt

Det finns naturligtvis en remonterande glädje även i en människas liv. Men den kräver att individen skapar förutsättningar för optimal utveckling så att blommorna ostört kan få blomma. Vis är den trädgårdsmästare som förstår och tillåter det. Annars råder djungelns lag även i den ynkaste lilla rosbuske. Frågan förblir: Är filosofin i sig det vackra, eller vår tendens att estetisera vårt potentiella obehag inför den? Till syvende och sist handlar allt om vilken klädnad språket har!

Stiltje

Stillhet är en ovärderlig gåva från gudarna. Men främst om man är i ständig rörelse, seglande på känslomässiga hav. Stiltje tillåter välbehövlig, lugn andning och ett skarpt fokus. Men erfarenheten visar att det alltid endast rör sig om lugnet före stormen. Vad som är regel och vad som är undantag kan ibland vara parodiskt svårt att avgöra.

Frukost i det gröna

Det är mycket som sker i världen just nu. Spindeln har idogt vävt kring en knoppstjälk och de hungriga lössen är antingen invävda i middags-kokonger eller sprattlande, väntande. Nyss kom myror i antågande uppför stjälken. Enligt expertisen äter de gärna lössens avföring (som ironiskt kallas "honungsdagg"). Det straffar sig i spindelns rike. Vips har Imse Vimse nya muns- och mumsbitar i sitt friluftsskafferi. Oändligt fascinerad känner jag mig som en trädgårds-Don Quixote: för att rädda den knoppande rosen använde jag min fickkniv för att förflytta en lus till spindelns nät. Det gjorde mig barnsligt lycklig och upphetsad.

Att ödelägga

Manilius skrev en gång att även det att han skrev om ödet redan var inskrivet i ödet. Ja, vem vet? Jo, ödet såklart – om man tillskriver detta begrepp deterministiska egenskaper som gränsar till det gudomliga. I det svenska psyket finns en intressant och tydliggörande vändning strax bortom det rena accepterandet. Att något är "ödesmättat" kan betyda att något känns som bortom vår kontroll, men det kan fortfarande leda till något positivt – som om man hoppfullt iakttog gudarnas spel på avstånd. Blir vi inte alltid hungrigare i det att vårt öde mättas? Men när något väl är "ödelagt" råder inte längre några tvivel: i slutänden är vårt öde ovillkorligen att gå under, förstöra eller förstöras, köras över… ödeläggas. Häri ser vi tydligt vår härkomst från en germansk kultursfär, i vilken inte näring och omvårdnad utan endast brand förnyar och förädlar vår jord och odling.

Bibliomantik

Ibland tycks "dagens bibliomantik" tom eller icke talande. Det reflekterar naturligtvis endast mitt eget sinne. Oftast är det av godo: dagen lockar redan med så många spännande moment att jag inte kan koncentrera mig på 500 år gamla visdomsord. Bättre då att i all hast skriva egna: "Låt ingen dag gå fåfängt bort, så vinnes njutning inom kort." Eller... "Jag tänker på mig själv – därför finns jag." Eller... "Kaffet är klart – Arbetet kallar!" Eller...

Odjurisk magnetism

Är det den bristande valfriheten som får oss att inse att vi faktiskt är allra lyckligast när vi helt enkelt endast är där vi är och när vi är? Är valfriheten i grund och botten en extra magnetisk kraft som stör vår kompass och därmed vår orienteringsförmåga? Jag inser dock att jag är en smula för privilegierad för att dra helt och hållet generella slutsatser. Jag nöjer mig med att njuta av livet istället.

Mekanikens dunder

Även i staden: fågelsånger av olika slag. Ju mer man lyssnar, desto mer hör man. Det får mig att undra hur allt lät innan mekanikens dunder tog över. När jag tänker på detta ringer kyrkklockor på olika håll och kanter. Det som en gång signalerade gemenskap och tröst är idag endast ett exotiskt oljud bland många – inte helt olikt ett bilalarm. Men under bruset hörs måsar och småfåglar tydligt. Allt som krävs är att man lyssnar. Kriget om vår "ljudbild" pågår ständigt, men jag vet vem som vinner till slut: den som talar lågmält och väl, och endast till dem som är villiga att lyssna.

Mellan raderna

Det är uppenbart att dessa ord är terapeutiska för mig mer än något annat. De för inte med sig ett budskap (annat än mellan raderna såklart), och inte heller någon minnesvärd poetisk gurgitation. Underfyndigheter från en övergödd. Vad är då meningen? Till vilken nytta? För mig ligger svaret i ännu en revelatorisk ordlek bottnande i det själsligt fekala: själv ända mål.

Att trolla bort sig själv

Människans stora lycka är hennes anpassningsförmåga – i samklang med hennes korta minne (måhända en existentiell ekvation?). Men det är inte längre de yttre hoten som är de största, utan de inre, självrannsakande. Att söka meningen med livet på bekostnad av livet är inte endast en bransch i ständig tillväxt utan också ett samtidens analgeticum. Man trollar bort sig själv på den krokiga vägen mot personlig fullbordan. De insiktsfulla står vid sidan av och tittar på, och inser snabbt att anpassning idag mer än något annat handlar om ren upprepning.

Trollbindarkransen

Ekvilibrism är ett symptom på en djupt rotad ensamhet, uttryckt genom kompenserande fingerfärdighet. Att ekvilibristiskt trollbinda någon är en paradox: man vill inte bli betraktad som den ensamme utan endast som den skicklige, och man undviker mer än gärna de ögon och öron som ser och hör det bakomliggande.

Vänskapens pris

Nu är jag övertygad om att småfåglarna är mina vänner. De återkommer ju varje dag för att höra hur jag har det. Eller är det verkligen endast brödsmulorna som lockar (den naives undran)? En sak var dock intressant häromdagen. En fågel plockade upp smulor och matade en annan med dem, trots att denna var fullständigt kapabel att picka och äta själv. Kanske var denna individ gravid – om nu fåglar kan vara "gravida"? Det var i alla fall min första association. På samma sätt är det med människan och hennes avkomma. Men här handlar det inte om några veckor eller månader, utan om ett decennielångt matande innan avkomman behagar lämna boet. Här handlar det heller inte längre så mycket om biologiska nödvändigheter som om ren och skär bekvämlighet. Är det kanske på ett liknande sätt med samtidens småfåglar? Urholkar vårt patetiska uppmärksamhetsbehov som mänskliga individer naturliga (och känsliga) biotoper även för andra arter?

Oj, jag vågar inte ens svara. Jag går och hämtar lite mer knäckebröd att smula till mina vänner istället.

Den talande tystnaden

Saker och ting går i arv, och så även egenskaper och livserfarenhet. En viktig del av att leva ett rikt och intressant liv är att ha hemligheter. Om inga mysterier föreligger kommer folk att uppfinna (och "projicera") dem. Bättre då att ha egna, riktiga, unika hemligheter. De hemligheter som verkligen har betydelse och kraft bibehåller dessutom sin makt under lång, lång tid. Ett osynligt trollbindande. Det är bl.a. därför historia alltid måste läsas "mellan raderna". Den avgörande och avslöjande frågan är alltid densamma, nämligen: … (Vid närmare eftertanke, låter jag denna vara outtalad.)

Ordlekar

Till en början ger man sig ut för att finna saker, företeelser och människor att resonera med. När detta är gjort och man inte endast ackumulerat erfarenheter utan även bearbetat dem i sitt inre, kommer andra att komma till en av samma anledning. Det är här orden "ekonomi" och "handelsbalans" får sina egentliga betydelser, med en stor skillnad jämfört med de rent vulgär-pekuniära sfärerna: det handlar här om en kravlös generositet. Vid minsta tecken på girighet brister den själsliga bubblan – och det genuina bemäktigandet. Ord är betydligt mer än endast ord.

Förankring

Författarens arbete liknar trädgårdsmästarens på sätt som får Ciceros uttalande att bokstavligen förankras i evigheten. En bra planta eller ett bra frö, en god jordmån, och så vatten och solsken. I grund och botten en förädlingsprocess med redan befintliga delar; det är sammanhang och sammansättning allt handlar om. Och omvårdnad såklart – om man inte vill ha det vildvuxet och fullt av kryp. Men det kan jag inte påstå att jag vill.

Librido

Hur vattnar man ett biblioteks blommor? Genom att plocka ut volymerna, damma av dem, läsa dem och tänka på deras form och innehåll. Och därefter kärleksfullt ställa tillbaka dem. När böckerna inte läses måste de få fortsätta vara med sina vänner (och fiender) i hyllan. Det är det mänskliga livets alltför ofta bortglömda eller negligerade biotop. De som förstår, vårdar.

Förnämlighet

Den yttersta provokationen är alltid att inte låta sig provoceras av det eller dem som saknar värde, men som idogt försöker pressa fram en reaktion som i sig – förhoppningsvis! – skulle skapa någon form av värde. Likgiltighet är den högvälbornes trumfkort.

Klagosång är alltid dissonant

Lycka är att inte vara självpåtaget språkrör för något eller någon annan än sig själv. Det är i det förmätna anslaget som hela kollapsen kan skönjas. Så många av världens problem som skulle kunna lösas omedelbart om alla skötte sig själva istället för att förmana andra på lösa (och alltid projicerande) grunder. "Så sanna mina ord..." Eller, ännu bättre, låt bli.

Struktur

Ofta skapar jag rutiner och strukturer som får mig att längta efter den frihet jag redan har. Det är en ovälkommen insikt: frihet att skapa mer frihet negligeras till förmån för frihet att skapa fångenskap.

Aj aj

Människan saknar förmåga att iaktta alla de processer och kraftyttringar som (bokstavligen) florerar i det yttre. Kontrollen vi upplever att vi har kan bibehållas endast ett kort ögonblick. Hela vår perfektion bygger på en eskapistisk manöver bakom vilken det stora hotet lurar. Det är inte ett hot om dödlighet utan om något mycket värre: obetydlighet.

Dolores, mon amour!

Man bör alltid hantera det som stör en mest först. Det som på ytan synes vara någon form av existentiell masochism är i själva verket en vacker och utstuderad sadism som mirakulöst trollar bort problem, och därmed lättar sinnet. Att andra gärna vill tillföra nya problem är en annan historia. Kanske man även borde rangordna människor?

Den bästa av världar

Oavsett vad yttre krafter förmedlar så lever jag alltid i den bästa av världar. Varför? Helt enkelt därför att jag kan förmedla den insikten åtminstone inför och till mig själv. Om jag av någon anledning inte kunde det skulle jag leva alltför mycket i någon annans bästa värld. Det räcker inte. Det räcker verkligen inte.

Ekvation

Det är onekligen lätt att slå sig till ro i lojaliteter gentemot andra, trots att dessa – både lojaliteterna och de andra – kan gå på tvärs mot de lojaliteter man har gentemot sig själv. Det är när man inte längre orkar tänka på detta som man vet att relationen nu blivit en illavarslande ekvation. Och då är allt ofta redan försent.

Gränsland

Medveten exponering inför/av färger påverkar själen som ett tonicum: exponeringen stärker och friskar upp, vilket i sin tur möjliggör en annan tolkningskapacitet. Hög kontrast och färgmättnad är nycklar till ett klarare seende i vilket det inte är det rent okulära som avgör den djupare "in-sikten." Färgförhållanden förtydligar snarare orakulärt det studerades förhållande till dess grad av nödvändighet. Kan vi se objektets (eller människans) förhållande till den egna nödvändigheten följer insikter tangerande det rent visionära. Växelverkan mellan ljus och mörker, kontrast och dunkel, är i sammanhanget nödvändighetsklargörande. Gränslandet mellan det okulära och orakulära är ett drömlandskap av absolut vakenhet.

"Kritisk massa"

Det är lätt att vänja sig av alltför efemära nöjen och uttryck. Om något inte skakar om en på ett tillfredsställande sätt, är det inte något egentligt nöje. Marknadens omättliga mättnadsimpulser skapar ny hunger, och för varje omgång blir signalen (och näringsämnena) allt svagare. När man anpassar sig efter en marknad är det alltid fara å färde för att även man själv försvagas. Endast de mest cyniska överlever den stora massans förkrossande tyngd. Bättre att hålla signalen så stark som möjligt och foga massan efter den – aldrig tvärtom!

Tvärsnittet är djupt

Ett litet tvärsnitt av naturen berättar fler mytiskt relevanta historier än alla samtida TV-serier tillsammans. Varför? Därför att måttstocken för vad som utgör en mytiskt relevant historia enkom handlar om den uttolkandes iakttagande, filtrering och formulerande. Det är en summa av starka mänskliga behov – inte av kalkylerande resultat. Mytens kraft ligger hos den genuint mänskliga själen som behöver uttrycka sig för att känna mening – klämd mellan överhållning och underhållning.

Andra Trapart Books-titlar av intresse

Carl Abrahamsson: Codex Nordica

I spillrorna efter långvariga krig och katastrofer är Sverige ett löst sammanhållet feodalt rike omgärdat av okända hot och plågat av inre stridigheter. Regenten Soldan Ridderberg styr med järnhand, med hjälp av de mäktigaste adelsmännen. Han värnar om den unge Hjalmar Stackelstad, som tillåtits leva isolerad på en gård och arbeta med att uttolka "Codex Nordica" – en samling tankar om en återuppbyggnad grundad i humanistiska ideal och inte endast rå makt.

Tillsammans med den äldre vännen Jonas Trädgårds jobbar Stackelstad och Ridderberg med att få till stånd en omröstning för att få Codex att bli hela landets rättesnöre. Somliga adelsmän är för, andra emot. I det att man röner vissa framgångar och Stackelstad tar allt mer synlig plats, blir han mer och mer misstänksam mot alla. Varför har han fått leva ett så privilegierat liv? Vilken betydelse har manuskriptet egentligen? Är det överhuvudtaget möjligt att återgå till ett civiliserat liv efter en så lång tid av kaos?

I det att Stackelstad och Trädgårds sprider tankarna på Mellansveriges gods och gårdar, ökar motståndet – både det osynliga och det synliga. Den intellektuelle som förankrats i ideal och eftertanke möter motvilligt de ränker och det våld han hittills skyddats från. Men det är nu inte längre fråga om att vilja eller inte vilja för Stackelstad. Han befinner sig oundvikligen i framtidens absoluta mittpunkt – både Sveriges och sin egen.

Carl Abrahamsson: Olika Människor

OLIKA MÄNNISKOR är en antologi med kulturintervjuer av journalisten och fotografen Carl Abrahamsson. På resor från Bergslagen till Hollywood, via Pattaya, New York och andra platser, har Abrahamsson porträtterat fotografer, regissörer, skribenter, musiker och konstnärer som alla har en sak gemensamt: en passionerad vision av hur livet ska levas. Deras livsöden må vara olika och deras konstnärliga uttryck likaså. Men en stark vilja förenar dem alla: viljan att uttrycka sig på egna villkor.

I boken medverkar Dian Hanson, Michael Moynihan, June Newton, Wes Lang, Kenneth Anger, Maja Ratkje, Carl Johan De Geer, Ewa Rudling, Mika Vainio / Pan Sonic, Missy Suicide, Mark McCloud, Maja Elliott, Gunnar Smoliansky, Michael Bowen, Jens Assur, Peter Beard, Bo Cavefors, Ralph Gibson, Ralph Metzner, Charles Gate- wood, von Hausswolff-Elggren, Stelarc, Genesis P-Orridge, John Duncan, Lars Hillersberg, Malcolm McLaren, Hans

Scheike, V Vale, Steve Leyba, Adam Parfrey och Conrad Rooks.

Carl Abrahamsson: The Devil's Footprint

God proposes the challenge of the millennium: if Satan sorts out the ever growing human mess on Earth, God will lovingly take him back to Heaven as his favorite Archangel. Satan accepts, and sets out on a massive operation to balance out over-population, pollution, corruption, and other severely Satanic headaches – many of which he originally helped create... Easier said than done! Satan's love of the ambitiously mischievous humans is challenged as his own "Team Apocalypse" fervently sets to work. But as the world begins to change quickly and dramatically for the better, a new question arises: can God and his suspicious Archangels really be trusted in this cataclysmic, cosmic undertaking?

Carl Abrahamsson: Mother, Have A Safe Trip

Unearthed plans and designs stemming from radical inventor Nikola Tesla could solve the world's energy problems. These plans suddenly generate a vortex of interest from various powers. Thrown into this maelstrom of international intrigue is Victor Ritterstadt – a soul searching magician with a mysterious and troubled past. From Berlin, over Macedonia, and all the way to Nepal, Ritterstadt sets out on an outer as well as inner quest. Espionage, love, UFOs, magic, telepathy, conspiracies, LSD, and more in this shocking story of a world about to be changed forever…

"It's a thrilling roller coaster ride through psychedelic adventures, juicy romantic interludes, metaphoric dreamscapes, high Himalayan yoga enclaves, telepathic portals, 60's flashbacks, magical constructs, secret government pursuits and many more twists that kept all three of my eyes open. It's a story that you'll definitely want to keep non-stop reading, which I enthusiastically recommend."

– George Douvris, Links by George

"*Mother, Have A Safe Trip* is a highly entertaining and thought-provoking novel. Chock-full of psychedelia, the book is also a much welcome addition to the far too few fictional works published dealing with psychedelic culture."

– Henrik Dahl, Psychedelic Press

"The dialogues are great. But it's too short. I wanted more."

– Genesis Breyer P-Orridge, Artist

"It's a wonderful read. A lovely book."

– June Newton/Alice Springs, Photographer

Carl Abrahamsson: Different People

Different People is an anthology of interviews by Swedish author Carl Abrahamsson, focusing on art, life and the creative process. Included are in-depth conversations with Conrad Rooks, Malcolm McLaren, Stelarc, John Duncan, Charles Gatewood, Mark McCloud, Ralph Metzner, Peter Beard,

Bill Landis, Ralph Gibson, Maja Elliott, Michael Bowen, Bob Colacello, Dian Hanson, Anton Corbijn, June Newton, Kendell Geers, Simeon Coxe III (Silver Apples), Vicki Bennett (People Like Us), and Brian Williams (Lustmord). These groundbreaking artists, writers, musicians, photographers, filmmakers, editors and psychedelic researchers have all helped shape the culture we live in. But what makes them do what they do? Which are their driving forces and their inspirations; their joys and fears?

Genesis Breyer P-Orridge: Sacred Intent – Conversations with Carl Abrahamsson 1986-2019 (Expanded Edition)

Sacred Intent gathers conversations between artist Genesis Breyer P-Orridge and longtime friend and collaborator, the Swedish author Carl Abrahamsson. From the first 1986 fanzine interview about current projects, over philosophical insights, magical workings, international travels, art theory and gender revolutions, to 2019's thoughts on life and death in the the shadow of battling leukaemia, *Sacred Intent* is a unique journey in which the art of conversation blooms.

With (in)famous projects like C.O.U.M. Transmissions, Throbbing Gristle, Psychic TV, Thee Temple Ov Psychick Youth (TOPY) and Pandrogeny, Breyer P-Orridge has consistently thwarted preconceived ideas and transformed disciplines such as performance art, music, collage, poetry and social criticism; always cutting up the building blocks to dismantle control structures and authority. But underneath the socially conscious and pathologically rebellious spirit, there has always been a devout respect for a holistic, spiritual, magical worldview – one of "sacred intent."

Sacred Intent is a must read for anyone interested in contemporary art, deconstructed identity, gender evolution, and magical philosophy. The book not only celebrates an intimate friendship, but also the work and ideas of an artist who has never ceased to amaze and provoke. Also included are photographic portraits of Breyer P-Orridge taken by Carl Abrahamsson, transcripts of key lectures, and an interview with Jacqueline "Lady Jaye" Breyer P-Orridge from 2004.

Carl Abrahamsson: Genesis P-Orridge – Temporarily Eternal: Photographs 1986-2018

Temporarily Eternal is an emotional-visual summing up of a creative friendship between Swedish author Carl Abrahamsson and British artist Genesis P-Orridge (1950-2020) that lasted for more than three decades, and which was filled with musical projects, films, books, writings, conversations, travel, and a great deal of magic. This book both is and is not a companion to *Genesis Breyer P-Orridge: Sacred Intent – Conversations with Carl Abrahamsson 1986-2019*. It is, in the sense that the present book also focuses on shared moments during the same period of time. It is not, in the sense that it's not an intellectual trip into concepts and thoughts expressed via language, in conversation. Instead, this book contains photographic portraits: some are staged, considered, thought through, and some are pure snapshots of auspicious and fleeting moments. And some are definitely somewhere in between: juggling immediate form with desired content.

Carl Abrahamsson: Chimera Obscura – Selected Exhibitions 2003-2014

"Basic wisdom: the shutter is a guillotine that separates the vision of the mind – conscious or not – from the body of (often) ill-expressed desires. The vision is the way in and out: the image as a gateway drug to real unknown pleasures of fantasy and fact. Humanoid celluloid, silver-lined emotional emulsions projecting darkness into the light for some kind of eternity's sake."

This book contains photographs from Carl Abrahamsson's exhibitions Gothic (2003), Lost and Fond (2007), Olika Människor (2007), Death Is In Our Hearts (2009), Kofeina (2010), FanzinEra (2010), and Imprisoned Sentences (2014).

Carl Abrahamsson: Free of the Darkness – 136 Photographs from Russia

In this book are 136 photographs from Russia, displaying subjective intersections of time and space in an environment as fascinating and enchanting as it can be depressing and dangerous. Never a dull moment for those who dare roam the Russian spaces with an open mind and camera in hand... Street scenes, architecture, people, nature... all the facets of daily life flash by as we travel through a country as vast as it is mysterious; as emotionally honest and glamorous as it seems eternally hesitant to shake off the yoke of totalitarianism. Whether you look at Russia as a haunting spectre unable to leave its violent past behind or as a nation of immense creative potential, Carl Abrahamsson's photographs provide you with personal, private and revealing glimpses of Russian life.

"What we are attracted to and what we fear (sometimes they are one and the same), we must absolutely explore. When I was offered a Russian photo exhibition and a mini-tour for my musical project Cotton Ferox in 2007, I was overjoyed. For almost two weeks, I travelled to Moscow, St Petersburg and Yaroslavl. The work presented did not feel half as interesting to me as what I experienced and documented myself there and then. Russia is an insanely fascinating and brutally emotional culture, proudly flaunting both victories and defeats as if they were the same – essentially, a photographer's and observer's paradise." – Carl Abrahamsson, from the introduction

Carl Abrahamsson: FanzinEra Expanded – Photographs 1985-1988

Swedish writer Carl Abrahamsson started taking photos to go along with the interviews he made for the fanzines "Lollipop" and "Acts Of Interstellar Torture" (1985-1988). From this vast and snap-happy collection comes "FanzinEra"... A selection which includes portraits and live shots of underground superstars like: Iggy Pop, Sonic Youth, Lydia Lunch, Richard Kern, Nick Zedd, Joe Coleman, The Gun Club, The Cramps, Union Carbide Productions, The Leather Nun, Screamin' Jay Hawkins, Alex Chilton, The Church, The Go-Betweens, Long Ryders, Died Pretty, The Scientists, The Saints, Sort Sol, Sator, John Lydon, Legendary Stardust Cowboy, New Order, The Godfathers, Genesis P-Orridge, Henry Rollins, Pere Ubu, Hüsker Dü, The Shamen, The Jesus and Mary Chain, Zodiac Mindwarp and the Love Reaction, Dom Dummaste, The Stomachmouths, The Nomads, The Creeps, Pushtwangers, Livingstones, Wylde Mammoths, Blue

For Two and Cortex... To mention but a few! Also included are textual flashbacks and quotes from the interviews, full color reproductions of the fanzine covers, and an introduction by American photographer Richard Kern.

Carl Abrahamsson: In Too Deep
– Snapshots from the World of Adult Entertainment

Swedish author Carl Abrahamsson traveled to Las Vegas and the annual "Adult Entertainment Expo" between 1995 and 2010. He met porn stars, producers, fans, and an assortment of weird people. This book collects his mind-boggling snapshot portraits of people in the adult industry: famous as well as infamous. It's a colourful bonanza of weirdness and beauty, of humility and hubris, of voyeurism and exhibitionism, of despair and excitement. Get ready for an absolutely unforgettable and wild ride to smut-land!

"What the hell was I really doing there? I quickly realised that I'm an ambitious voyeur more than anything else. The cameras have been my protection against an incomprehensible and threatening world. And, as I now realised, against hundreds of porn stars." – Carl Abrahamsson

Vanessa Sinclair & Carl Abrahamsson:
It's Magic Monday Every Day of the Week

In 2020, psychoanalyst-artist Vanessa Sinclair & author Carl Abrahamsson decided to create an online presence specifically for their magical practice & philosophy. This led to a weekly transmission aptly called "Magic Monday." This book sums up the first year of these writings, photos, poems, collages, and cut-ups. In an inspiring tour-de-force for all senses, Sinclair & Abrahamsson touch upon ritual, runes, psychedelics, sex, tarot, individuation, ancestor worship, talismania, the third mind method of Brion Gysin & William S Burroughs, creating sigils, shamanism, the Mega Golem, necromancy & glitchcraft, dealing with death & loss, making charged art, time travel, biospheric morals, and much more... The book also contains more than one hundred colour photographs and collages. *It's Magic Monday Every Day of the Week* is a book that will keep intriguing and inspiring you to experiment freely, and to develop as a human being. With an attitude of cutting up and rearranging the givens – of disrupting the narrative – you can change more things in life than you've ever dreamt of. Sinclair & Abrahamsson share their own intimate, magical experiences and show you how easy it can actually be to take charge and write your own story.

Carl Abrahamsson (ed):
The Mega Golem – A Womanual for all Times and Spaces

An anthology volume celebrating a decade of occult mischief by the "Mega Golem." Originally conceived by Swedish author Carl Abrahamsson as a "quantum quilt" project that artists and magicians can contribute to, the Mega Golem now has a life of its own. Whether its parts and abilities are known and tangible or secret and ethereal, the impact of its presence is undeniable. It weaves a special kind of magic for the 21st century, in and through art and talismanic approaches. Is this being invisible? Indivisible? Invincible? Intangible? Whose desires and dreams are incorporated in the sinews and cells of this benign mutation of our inertly causal culture? The Mega Golem is the poetic transcendence of expected transgression, and as such a psychosexual embrace from behind the front-lines. Free for all, and dreams made flesh! This first Mega Golem book collects ideas, theories and artworks that all constitute its first incarnation. This book is therefore nothing less than a Magical Womanual for any and all who are willing to believe wholeheartedly in the disbelief of psychic prestidigitation and its many emotional pitfalls. With contributions by Carl Abrahamsson, Vanessa Sinclair, Kadmus Herschel, Gabriel McCaughry and others.

Carl Abrahamsson (ed): The Trapartisan Review 1

The Trapartisan Review welcomes you to enjoy unique works of art created by a number of highly talented contemporary and international painters, writers, photographers, poets, performance- and collage artists, etc, jointly assembling a strong and elegant bouquet of timeless expressions for your pleasure and inspiration. This first issue contains contributions by Jason Atomic, Hector Domiane, Val Denham, Johan Hamrin, Billy Chainsaw, Andreas Kalliaridis, Jordi Valls, Peter Köhler, Nicolas Ballet, Carl Michael von Hausswolff, Carl Abrahamsson, Anna Sebastian, Gabriella Eriksson, Karl Max Fredriksson, Vanessa Sinclair, Susana Vico Valero, Jake Kobrin, Tom Banger, Tim Pewe, Gunner Wright, Sean Bonner, Charlotte Rodgers, Annsofie Jonsson, Jason Haaf, Hazel Cline, Ruby Ray, Lars Sundestrand, Åsa Ersmark, Nestor Povarnin, Hannah Haddix, Sergey Martyn, Gustaf Broms, MV Carbon, Steven Cline, Paul Bee Hampshire, Christopher Mealie, Gabriela Herstik, and Tom Benson.

The Fenris Wolf 11 (2022)

This eleventh issue contains material presented at the Psychoanalysis, Art & the Occult conference "Re-writing the Future: 100 Years of Esoteric Modernism and Psychoanalysis" (Merano, 2019). Presenters were Kadmus, Charlotte Rodgers, Kasper Opstrup, Elisabeth Punzi & Per Magnus Johansson, Hans-Peter Söder, Haukur Jonasson, Carlos Abler, Stephanie Moran & Anna Sebastian, Katy Bohinc, Tom Banger & Koshka, Simon Magus, Ugo Dossi, Siegfried de Rachewiltz, Katrina Makkouk, Vanessa Sinclair, Blanche Barton, and Carl Abrahamsson, presenting topics as diverse as Greek Paganism, spiritual evolution, Cosmism's inherent longing to go into space, Hilda Doolittle, the power of myth, Christianity's influence in medieval Pagan Iceland, hypno-mimesis and working with body, the esoteric methods of Ithell Colquhoun, poetry as magic, the aesthetics and methods of Austin Osman Spare, automatic drawing, Joseph Ennemoser, Ezra Pound's occultism, the crusade against magical thinking, the roots of modern Satanism, and the relationship between Ezra Pound and his publisher James Laughlin.

The Fenris Wolf 10 (2020)

Carl Abrahamsson – *Editor's Introduction*, Carl Abrahamsson – *Onwards to the Source!*, Ludwig Klages – *On the Essence of Ecstasy*, David Beth – *Katabasis and Erotognosis*, Henrik Dahl – *An Introduction to Eroto-Psychedelic Art*, Peter Sjöstedt-H – *Antichrist Psychonaut: Nietzsche's Psychoactive Drugs*, Carl Abrahamsson – *Lux Per Nox – The Fenris Wolf As Libidinal Liberator*, Jesse Bransford & Max Razdow – *Revisiting the Veil of Dreams*, Christopher Webster – *Beyond the North Wind*, Kendell Geers – *A Long Boundless Systematized...*, Kadmus – *Seeking the Three-Headed Saint*, Billie Steigerwald – *The Chthonic Seed: Reflections of an Ancient Death Gnosis*, Fred Andersson – *The Gospel According to the Tomb Man*, Zaheer Gulamhusein – *Sunflower*, Charlotte Rodgers – *The Riderless Horse...*, Craig Slee – *The Occult Nature of Cripkult*, Damien Patrick Williams – *Daoism, Buddhism and Machine Consciousness*, Philip H. Farber – *Thoughts on the Creation of Memetic Entities*, Thomas Bey William Bailey – *Memetic Magick*, Mitch Horowitz – *Is Your Mind a Technology for Utopia?*, Ramsey Dukes – *I'm Gonna Blow Your Mind*, Carl Abrahamsson – *Grasping Reality with Gary Lachman*, Anders Lundgren – *Mike Mignola and the Lovecraft Circle*, Peggy Nadramia – *So It Was Written*, Peggy Nadramia – *Addendum to So It Was Written*, Nina Antonia – *Maya*, Jack Stevenson – *Häxan/ Witchcraft Through the Ages*, Andrea Kundry – *The Demonic Cultural Legacy of Antonin Artaud*, Joan Pope – *The Birth of Ideas*, Genesis Breyer P-Orridge – *Idiosyncratic Use Ov Language...*, Vanessa Sinclair – *Try To Altar Everything*, Claire-Madeline Corso – *Cutting Up a New Conversation*

The Fenris Wolf 9 (2017)

Vanessa Sinclair & Carl Abrahamsson – *Editors' Introduction: Looking back at the crossroads*, Katelan Foisy – *Invocation: Homage to the spirits of the land/ London*, Sharron Kraus – *Art as Alchemy*, Demetrius Lacroix – *The Seven Layers of the Vodou Soul*, Graham Duff – *Sublime Fragments: The Art of John Balance*, Ken Henson – *The American Occult Revival In My Work*, Gary Lachman – *Was Freud Afraid of the Occult?*, Peter Grey – *Fly the Light*, Val Denham – *Proclaim Present Time Over*, Katelan Foisy & Vanessa Sinclair – *The Cut In Creation*, Claire-Madeline Culkin – *Beds, Bodies and Other Books of Common Prayer – A Reading of the, Photography of Nan Goldin*, Steven Reisner – *On the Dance of the Occult and Unconscious in Freud*, Katy Bohinc – *The 12th House: Art and the Unconscious*, Olga Cox Cameron – *When Shall We 3 Meet Again? Psychoanalysis, Art and the Occult: A Clandestine Convergence*, Ingo Lambrecht – *Wairua: Following shamanic contours in psychoanalytic therapy at a Māori Mental Health Service in New Zealand*, Elliott Edge – *An Occult Reading of PAO! Imagining in the Dark with Our Vestigial Shamanism in a Shade, Shadow, Wide*, Charlotte Rodgers – *Stripped to the Core: Animistic Art Action and Magickal Revelation*, Alkistis Dimech – *Dynamics of the Occulted Body*, Fred Yee – *Cut-Up As Egregore, Oracle and Flirtation Device*, Robert Ansell – *Androgyny, Biology and Latent Memory in the Work of Austin Osman Spare*, Ray O Neill – *Double, Double, Toil and Trouble: Psychoanalysis Burn and Surrealism Bubble*, Derek M Elmore – *Dreams and the Neither-Neither*,

Julio Mendes Rodrigo – *Rebis, the Double Being*, Eve Watson – *Bowie's Non-Human Effect: Alien/Alienation in The Man Who Fell to Earth (1976) and The Hunger (1983)*, Carl Abrahamsson – *Formulating the Desired: Some similarities between ritual magic and the psychoanalytic process*

The Fenris Wolf 8 (2016)

Carl Abrahamsson – *Editor's Introduction*, Vanessa Sinclair – *Polymorphous Perversity and Pandrogeny*, Charles Stansfield Jones (Frater Achad) – *Alchymia*, Tim O'Neill: *Black Lodge/White Lodge*, Nina Antonia – *Bosie & The Beast*, Aki Cederberg – *Festivals of Spring*, Michael Moynihan – *Friedrich Hielscher's Vision of the Real Powers*, Friedrich Hielscher – *The Real Powers*, Orryelle Defenestrate Bascule – *Ear Horn: Shamanic Perspectives and Multi-Sensory Inversion*, Zbigniew Lagos – *The Figure of the Polish Magician: Czesław Czynski (1858-1932)*, Gary Lachman – *Rejected Knowledge: A Look At Our Other Way of Knowing*, Carl Abrahamsson – *Intuition as a State of Grace*, Bishop T Omphalos – *The Golden Thread: Soteriological Aspects of the Gnostic Catholicism in E.G.C.*, Kendell Geers – *iMagus*, Johan Nilsson – *Defending Paper Gods: Aleister Crowley and the Reception of Daoism in Early 20th Century Esotericism*, Gordan Djurdjevic – *The Birth of the New Aeon: Magick and Mysticism of Thelema from the Perspective of Postmodern A/Theology*, Tim O'Neill – *The Derleth Error*, Antti P Balk – *Greek Mysteries*, Carl Abrahamsson – *The Economy of Magic*, Stephen Sennitt – *The Book of the Sentient Night: 23 Nails*, Henrik Dahl – *We Ate the Acid: A Note on Psychedelic Imagery*, Jason Louv – *Robert Anton Wilson's Cosmic Trigger and the Psychedelic Interstellar Future we need*, Carey Hodges & Chad Hensley – *New Orleans Voodoo: An Oddity Unto Itself*, Alexander Nym – *Kabbalah references in contemporary culture*, Zaheer Gulamhusein – *Standing in Line*, Carl Abrahamsson – *As the Wolf Lies Down to Rest*, Vanessa Sinclair & Ingo Lambrecht – *Ritual and Psychoanalytical Spaces as Transitional, featuring Sangoma Trance States*, Hagen von Julien – *Listening to the Voice of Silence: A Contemporary Perspective on the Fraternities Saturni*, Erik Davis – *Infectious Hoax: Robert Anton Wilson reads H.P. Lovecraft*, N – *II. Land*, Cadmus – *Neo-Chthonia*, Kadmus – *A Fragment of Heart: A contribution to the Mega-Golem*, Stojan Nikolic – *The One True Church of the Dark Age of Scientism*, Miguel Marques – *The Labors of Seeing: A Journey Through the Works of Peter Whitehead*, Renata Wieczorek – *The Conception of Number According to Aleister Crowley*, Orryelle Defenestrate Bascule – *Fragments of Fact*, Derek Seagrief – *Conscious ExIt*, Kasper Opstrup – *By This, That: A spin on Lea Porsager's Spin*, and Genesis Breyer P-Orridge – *Greyhounds of the future.*

The Fenris Wolf 7 (2014)

Carl Abrahamsson – *Editor's Introduction*, Sara George & Carl Abrahamsson – *Fernand Khnopff, Symbolist*, Sasha Chaitow – *Making the Invisible Visible*, Vanessa Sinclair – *Psychoanalysis and Dada*, Kendell Geers – *Tu Marcellus Eris*, Stephen Sennitt – *Fallen Worlds, Without Shadows*, Antony Hequet – *Slam Poetry: The Warrior Poet*, Antony Hequet – *Slam Poetry: The Rebel Poet*, Genesis Breyer P-Orridge – *Alien Lightning Meat Machine*, Genesis Breyer P-Orridge – *This Is A Nice Planet*, Patrick Lundborg – *Psychedelic Philosophy*, Henrik Dahl

– *Visionary Design*, Philip Farber – *Higher Magick*, Kendell Geers – *Painting My Will*, Carl Abrahamsson – *The Imaginative Libido*, Angela Edwards – *The Sacred Whore*, Vera Nikolich – *The Women of the Aeon*, Jason Louv – *Wilhelm Reich*, Kasper Opstrup – *To Make It Happen*, Peter Grey – *A Manifesto of Apocalyptic Witchcraft*, Timothy O'Neill – *The Gospel of Cosmic Terror*, Stephen Sennitt – *Sentient Absence*, Carl Abrahamsson – *Anton LaVey, Magical Innovator*, Alexander Nym – *Magicians: Evolutionary Agents or Regressive Twats?*, Antti P Balk – *Thelema*, Kjetil Fjell – *The Vindication of Thelema*, Derek Seagrief – *Exploring Past Lives*, Sandy Robertson – *The Fictional Aleister Crowley*, Adam Rostoker – *Whence Came the Stranger?*, Emory Cranston – *A Preface to the Scented Garden*, Manon Hedenborg-White – *Erotic Submission to the Divine*, Carl Abrahamsson – *What Remains for the Future?*, Frater Achad – *Living In the Sunlight*, Genesis Breyer P-Orridge – *Magick Squares and Future Beats*

The Fenris Wolf 6 (2013)

Carl Abrahamsson – *Editor's Introduction*, Frater Achad – *A Litany of Ra*, Kendell Geers – *Tripping over Darwin's Hangover*, Vera Nikolich – *Eastern Connections*, Carl Abrahamsson – *Babalon*, Freya Aswynn – *On the Influence of Odin*, Marita – *Runic Magic through the Odinic Dialectic*, Aki Cederberg – *Afterword: The River of Story*, Shri Gurudev Mahendranath – *The Londinium Temple Strain*, Gary Dickinson – *An Orient Pearl*, Derek Seagrief – *Aleister Crowley's Birth & Death Horoscopes*, Tim O'Neill – *Shades of Void*, Nema – *Magickal Healing*, Nema – *A Greater Feast*, Philip Farber – *Sacred Smoke*, Robert Taylor – *Death & the Psychedelic Experience*, Michael Horowitz – *LSD: the Antidote to Everything*, Alexander Nym – *Transcendence as an Operative Category...*, Carl Abrahamsson – *Approaching the Approaching*, Renata Wieczorek – *The Secret Book of the Tatra Mountains*, Sasha Chaitow – *Legends of the Fall Retold*, Sara George & Carl Abrahamsson – *Sulamith Wülfing*, Robert C Morgan – *Hans Bellmer*, Genesis Breyer P-Orridge – *Tagged for Life*, Carl Abrahamsson – *Go Forth and Let Your Brain-halves Procreate*, Anders Lundgren – *Satanic Cinema is Alive and Well*, Anton LaVey – *Appendices*

The Fenris Wolf 5 (2012)

Carl Abrahamsson – *Editor's Introduction*, Jason Louv – *The Freedom of Imagination Act*, Patrick Lundborg – *Such Stuff as Dreams are Made of*, Gary Lachman – *Secret Societies and the Modern World*, Tim O'Neill – *The War of the Owl and the Pelican*, Dianus del Bosco Sacro – *The Great Rite*, Philip H Farber – *Entities in the Brain*, Aki Cederberg – *At the Well of Initiation*, Renata, Wieczorek – *The Magical Life of Derek Jarman*, Genesis Breyer P-Orridge – *A Dark Room of Desire*, Genesis Breyer P-Orridge – *Kreeme Horne*, Ezra Pound – *Translator's Postscript*, Stephen Ellis – *Poems for The Fenris Wolf*, Hiram Corso – *Mel Lyman*, Mel Lyman – *Plea for Courage*, Gary Dickinson – *The Daughter of Astrology*, Robert Podgurski – *Sigils and Extra Dimensionality*, Frater Nigris – *Liber Al As-if*, Peter Grey – *The Abbey Must be Built*, Vera Mladenovska Nikolich – *A Different Perspective of the Undead*, Kevin Slaughter – *The Great Satan*, Lionel Snell – *The Art of Evil*, Phenex Apollonius – *The Quintessence of Daimonic Ipseity*, Phanes Apollonius – *Infernal Diabolism in Theory and Practice*, Anonymous – *Falling with Love: Embracing the Infernal Host*, Lana Krieg – *Sympathy with the Devil: Faust's Infernal Formula*, Carl Abrahamsson – *State of the Art: Birthpangs of a Mega-Golem*, Carl Abrahamsson – *Hounded by the Dogs of Reason*

The Fenris Wolf 4 (2011)

Carl Abrahamsson – *The whys of yesterday are the why-nots of today*, Hermann Hesse – *The Execution*, Fredrik Söderberg – *Black and White Meditations 1-23*, Peter Gilmore – *Every Man and Woman Is a Star*, Peter Grey – *Barbarians at the Gates*, John Duncan – *Hallelujah*, Ramsey Dukes – *Democracy Is Dying of AIDS*, Tim O'Neill – *The Technology of Civilization X*, Thomas Karlsson – *Religion and Science*, David Beth – *Bloodsongs*, Payam Nabarz – *Liber Astrum*, Hiram Corso – *Unveiling the Mysteries of the Process Church*, Jean-Pierre Turmel – *The Pantheon of Genesis Breyer P-Orridge*, Kendell Geers – *The Penis Might Ier Than Thes Word*, Z'EV – *The Calls*, Robert Taylor – *Dreamachine: The Alchemy of Light*, Phil Farber – *An Interview with Terence McKenna*, Phil Farber – *McKenna, Ramachandran and the Orgy*, Thomas Bey William Bailey – *The Twilight of Psychedelic America?*, Ernst Jünger – *LSD Again/Nochmals LSD*, Baba Rampuri – *The Edge of Indian Spirituality*, Aki Cederberg – *In Search of Magic Mirrors*, Carl Abrahamsson – *Thelema and Politics*, Carl Abrahamsson – *Someone's Messing with the Big Picture*, Carl Abrahamsson – *An Art of High Intent?*, Carl Abrahamsson – *A Conversation with Kenneth Anger*

The Fenris Wolf 1-3 (1989-1993-2011)

Carl Abrahamsson – *Editor's Introduction*
Carl Abrahamsson – *'Zine und Zeit (2011)*

THE FENRIS WOLF 1 (1989)
John Alexander – *The Strange Phenomena of the Dream*, Helgi Pjeturss – *The Nature of Sleep and Dreams*, Tim O'Neill – *A Dark Storm Rising*, Carl Abrahamsson – *Inauguration of Kenneth Anger*, Carl Abrahamsson – *An Interview with Genesis P-Orridge*, William S Burroughs – *Points of Distinction between Sedative and Consciousness-Expanding Drugs*, Carl Abrahamsson – *Jayne Mansfield: Satanist*, TOPYUS – *Television Magick*, Anton LaVey – *Evangelists vs The New God*

THE FENRIS WOLF 2 (1990)
Lionel Snell – *The Satan Game*, Carl Abrahamsson – *In Defence of Satanism*, Anton LaVey – *The Horns of Dilemma*, Genesis P-Orridge – *Beyond thee Valley ov Acid*, Phauss – *Photographs*, Jack Stevenson – *15 Voices from God*, Jack Stevenson – *18 Fatal Arguments*, Tim O'Neill – *Art On the Edge of Life*, Terence Sellers – *To Achieve Death*, Stein Jarving – *Choice and Process*, Tim O'Neill – *Under the Sign of Gemini*, 93/696 – *The Forgotten Ones In Magick*, Tim O'Neill – *The Mechanics of Maya*, Coyote 12 – *The Thin Line*, Genesis P-Orridge – *Thee Only Language Is Light*, Jack Stevenson – *Porno on Film*, Carl Abrahamsson – *An Interview with Kenneth Anger*

The Fenris Wolf 3 (1993)
Jack Stevenson – *Vandals, Vikings and Nazis*, von Hausswolff & Elggren – *Inauguration of two new Kingdoms*, Tim O'Neill – *A Flame in the Holy Mountain*, Frater Tigris – *A Preliminary Vision*, Carl Abrahamsson – *The Demonic Glamour of Cinema*, William Heidrick – *Some Crowley Sources*, Peter H Gilmore – *The Rite of Ragnarök*, ONA – *The Left-Handed Path*, Zbigniew Karkowski – *The Method Is Science...*, Fetish 23 – *Demonic Poetry*, Ben Kadosh – *Lucifer-Hiram*, Freya Aswynn – *The Northern Magical Tradition*, Anton LaVey – *Tests*, Austin Osman Spare – *Anathema of Zos*, Rodney Orpheus – *Thelemic Morality*, Nemo – *Recognizing Pseudo-Satanism*, Philip Marsh – *Pythagoras, Plato and the Hellenes*, Terence Sellers – *A Few Acid Writings*, Hymenæus Beta – *Harry Smith 1923-1991*, Andrew M McKenzie – *Outofinto*, Beatrice Eggers – *Nature: Now, Then and Never*

Vanessa Sinclair: Switching Mirrors

Switching Mirrors is an amazing collection of cut-ups and mind-expanding poetry by Vanessa Sinclair. Delving into the unconscious and actively utilising the "third mind" as developed by William S Burroughs and Brion Gysin, Sinclair roams through suggestive vistas of magic, witchcraft, dreams, psychoanalysis, sex and sexuality (and more). Causal apprehensions are disrupted by a flow of impressions that open up the mind of the reader. What's behind language and our use of it? What happens when random factors and the unconscious are given free reign in poetic form? *Switching Mirrors* is what happens.

Vanessa Sinclair: The Pathways of the Heart

Vanessa Sinclair's new collection of poems and collages is rooted in the dark earth of death, but to an equal degree it also celebrates the vibrant life-force that grows inside this eternal darkness, and the transformation, love and magic we all need to live. The constant interplay of motion and emotion filters fragments of questions we try so hard to avoid but always fail to. *The Pathways to the Heart* are many but they need to be trodden lightly, with love and deep appreciation. Once there, you can assemble the fragments of your life and see what they say – the poetry of an existence that is inevitable until it is not.

Vanessa Sinclair & Elisabeth Punzi (eds): Outsider Inpatient – Reflections on Art as Therapy

Outsider Inpatient is an anthology of perspectives about the value of art and creativity within psychiatric environments. It specifically shines the light on experiences at Lillhagen Hospital in Gothenburg, Sweden, where inpatients were allowed to paint and decorate the entire walls of long corridors in the basements of the hospital. Also included are valuable thoughts about creativity in general from clinicians, art historians, psychoanalysts, and artists. What constitutes "outsider" art? How can creativity be used in the treatment of (in)patients? Why do certain artists create the way they do, and how does it affect them? *Outsider Inpatient* is an informative study about a topic that has created as much controversy and criticism as it has support and adherents, in environments as diverse as clinical psychiatry and psychology, art theory, social sciences, psychoanalysis and philosophy. This book has been produced in cooperation with the Center for Critical Heritage Studies and the University of Gothenburg, and contains texts by Elisabeth Punzi, Per Magnus Johansson, Johannes Nordholm, Inez Edström, Christian Munthe, Carl Abrahamsson, Vanessa Sinclair, and Val Denham.

Vanessa Sinclair (ed.): Rendering Unconscious – Psychoanalytic Perspectives, Politics & Poetry

In times of crisis, one needs to stop and ask, "How did we get here?" Our contemporary chaos is the result of a society built upon pervasive systems of oppression, discrimination and violence that run deeper and reach further than most understand or care to realize. These draconian systems have been fundamental to many aspects of our lives, and we seem to have gradually allowed them more power. However, our foundation is not solid; it is fractured and collapsing – if we allow that. We need to start applying new models of interpretation and analysis to the deep-rooted problems at hand.

Rendering Unconscious brings together international scholars, psychoanalysts, psychologists, philosophers, researchers, writers and poets; reflecting on current events, politics, the state of mental health care, the arts, literature, mythology, and the cultural climate; thoughtfully evaluating this moment of crisis, its implications, wide-ranging effects, and the social structures that have brought us to this point of urgency.

Hate speech, Internet stalking, virtual violence, the horde mentality of the alt-right, systematic racism, the psychology of rioting, the theater of violence, fake news, the power of disability, erotic transference and counter-transference, the economics of libido, Eros and the death drive, fascist narratives, psychoanalytic formation as resistance, surrealism and sexuality, traversing genders, and colonial counterviolence are but a few of the topics addressed in this thought-provoking and inspiring volume.

Contributions by Vanessa Sinclair, Gavriel Reisner, Alison Annunziata, Kendalle Aubra, Gerald Sand, Tanya White-Davis & Anu Kotay, Luce deLire, Jason Haaf, Simon Critchley & Brad Evans, Marc Strauss, Chiara Bottici, Manya Steinkoler, Emma Lieber, Damien Patrick Williams, Shara Hardeson, Jill Gentile, Angelo Villa, Gabriela Costardi, Jamieson Webster, Sergio Benvenuto, Craig Slee, Álvaro D. Moreira, David Lichtenstein, Julie Fotheringham, John Dall'aglio, Matthew Oyer, Jessica Datema, Olga Cox Cameron, Katie Ebbitt, Juliana Portilho, Trevor Pederson, Elisabeth Punzi & Per-Magnus Johansson, Meredith Friedson, Steven Reisner, Léa Silveira, Patrick Scanlon, Júlio Mendes Rodrigo, Daniel Deweese, Julie Futrell, Gregory J. Stevens, Benjamin Y. Fong, Katy Bohinc, Wayne Wapeemukwa, Patricia Gherovici & Cassandra Seltman, Marie Brown, Buffy Cain, Claire-Madeline Culkin, Andrew Daul, Germ Lynn, Adel Souto, and paul aster stone-tsao.

Genesis Breyer P-Orridge:
Brion Gysin – His Name Was Master (Expanded Edition)

Painter and author Brion Gysin (1916–86) has become an incredibly influential artist and iconoclast. His development of the "cut-up" technique together with William S. Burroughs has inspired several generations of writers, artists and musicians. Gysin was also a skilled networker and revered expat; together with his friend Paul Bowles, Gysin more or less constructed the post-beatnik romanticism dealing with life, music and magic in Morocco. He was also a protagonist in an international gay culture with inspirational reaches in both America and Europe. Not surprisingly, Gysin has become something of a cult figure.

One of the artists he inspired is Genesis Breyer P-Orridge (1950-2020), who collaborated with both Gysin and Burroughs in the 1970s and 80s, while working with avant garde music/performance projects Throbbing Gristle and C.O.U.M. Transmissions. The Gysin interviews made by P-Orridge have since become part of a New Wave/Industrial Culture mythos. This volume presents them in their entirety alongside three texts about Gysin by P-Orridge, plus additional material by editor Andrew M McKenzie, photographer/filmmaker Peter "Sleazy" Christopherson, and authors Jon Savage, Kathelin Gray, Paul "Bee" Hampshire, and Carl Abrahamsson.

Brion Gysin: His Name Was Master is an exclusive and evocative insight into the mind of a man P-Orridge describes as "a kind of Leonardo da Vinci of the last century," and a fantastic complement to existing biographies and monographs.

"I wanted this book to be for you, as near as possible, what being there was like for me. Cassettes don't have the smells, the ambient noise, the creak of a chair, the metronomic counting of his hash pipe gulps, strangely almost no phone interruptions (indicating how times change), Moroccan spices, Moroccan music in the background. Brion's infectious laughter, his coughing fits. Then there is the serious thoughts, the bitchy remarks, the social gossip, the plans for the evening at La Palace where he had a space reserved for 'Mister Brion.' Please be there now. I hope that you feel for a moment or two, or three, that you can picture him, all of us, entranced, spellbound, bewitched by this amazing raconteur. This medium, this wizard, Occultist extraordinaire. Inventor of the dreamachine, still slowly moving towards its day of full recognition, this dearly beloved friend and inspiration. Above all else that: beloved friend." – Genesis Breyer P-Orridge

Ruby Ray: Kalifornia Kool – Photographs 1976-1982

Spanning music, art and literature, the industrial and punk scenes of San Francisco in the late 1970s and early 1980s were diverse but united by a DIY, anti-authoritarian attitude. Photographer Ruby Ray was there to capture it all in the same spirit. With her work appearing in the legendary punk zine Search & Destroy and its successor RE/Search, Ray was at the epicenter of, and a key participant in, a vital cultural moment vibrant with provocation and creativity. A local experimental music and art scene supported artists like Bruce Conner and William S. Burroughs, and attracted groundbreaking bands like Devo, the Mutants, Boyd Rice and the Dead Kennedys, as well as established international bands like Throbbing Gristle, the Clash and the Sex Pistols. Ruby Ray: Kalifornia Kool collects the photographer's images from this time: live shots, backstage parties, apartments overflowing with youthful exuberance, elegant portraits of key people and photographic experiments. Her work captures a time and a place where West Coast open-mindedness, youth, art, music and electricity merged.

"Late 70s, early 80s... Ruby Ray and her camera, capturing the movers and shakers of the San Francisco punk and industrial scenes... And then some... Performance art, music, literature, photos, videos made with a "fuck you" and "do it yourself" attitude. Ruby sees and Ruby captures... Knowns and unknowns, winners and losers, sane and insane, constructive and destructive... William Burroughs with his gun, Bruce Conner being fueled by punk energy, Sex Pistols' last ever gig in San Fran, Throbbing Gristle, The Cramps live at Napa Mental Hospital, Search and Destroy Magazine, and bands and gigs galore... Devo, Mutants, Slits, Bags, Dead Kennedys, Cabaret Voltaire, Roky Erickson, Nico, DOA, Chrome, Factrix, Boyd Rice, Z'EV, Flipper... You name'em and there was Ruby Ray: the spectacularly talented lens of Kalifornia Kool. We should be grateful for her work. It's invaluable, evocative, loud, sexy and more inspiring now than ever before... Ruby's images open up a portal to a mythic and frenzied scene and show that it's true: all mythologies are real... Turn up the volume and dive into this one." – Carl Abrahamsson, from the Introduction

Tom Benson: Visionary

Tom Benson (1935-1999), Sweden's surrealist master, created a multitude of phantasmagoric images based on fictive characters and dream-like landscapes. Using his powerful photographs in mind-altering collages, he opened up and displayed inner vistas saturated with mystery, adventure and eroticism. Benson's rich visions mercilessly catapult the viewer into unchartered psychic and emotional territories filled with intelligence, humorous twists and turns, sexual fantasies, eerie people and spooky environments – all elegantly woven together in a turbulent tapestry celebrating the human imagination.

Tom Benson: Visionary contains 80 of his strongest images, and also includes an introduction by Carl Michael von Hausswolff, an interview with Benson's widow Marja Sipola Cuss, and personal mementos by Benson's muses and models Annika von Hausswolff, Helena Eriksson and Lotta Antonsson.

Steven Cline: Amok!

In this collection of recent texts, American surrealist artist Steven Cline has opened the floodgates to his inner worlds, demanding that we take a look. When we do, we are irrevocably drawn in further by a force that resembles our very own curiosity. Is this a mirror or a windowpane? Are these mesmerising thoughts and short essays catapulted from an overarching Zeitgeist or from a very talented writer who desires to express himself? Or both? No matter what, once you have begun reading, you are in it for a thrill ride. Steven Cline is a compelling author, weaving surreal and sensual spells until all resistance is futile... You might as well step right in!

Nina Antonia: Dancing with Salomé
– Courting the Uncanny with Oscar Wilde & Friends

Dancing with Salomé unmasks the occult aspects of Oscar Wilde's celebrated tome The Picture of Dorian Gray, whilst exploring how the unseen manifested not just in the famous author's life but in that of his love interest, Lord Alfred Douglas. The gilded backdrop to their ill-fated liaison was the Decadent movement, a literary and artistic feast of the divine and debauched which redefined the lines of male beauty. Curiously, Aubrey Beardsley, the most renowned illustrator of the Decadents, refused to keep any of Oscar Wilde's books in his home, as he believed, like many of his friends, that the playwright was accursed. Beardsley's theory is not as far-fetched as it seems if one takes into account the doomed lineages from which both Oscar and Lord Alfred Douglas were descended. Through a series of interlinking essays, Nina Antonia takes us to meet the Decadent demi-monde of the 1890's with whom Wilde and Douglas mingled. Whilst eroticism and mysticism were key themes of the Decadents, there was also a surge of interest in ritual magic, enabled by the flowering of the "Golden Dawn" – the most significant esoteric order in England's history. Wilde's wife, Constance, was a member, as was W.B. Yeats, alongside Aleister Crowley and Arthur Machen. All would play a part, directly or indirectly, in the drama of Oscar Wilde's enchanted & accursed life.

More information can be found at our web site: www.trapart.net

www.ingramcontent.com/pod-product-compliance
Lightning Source LLC
LaVergne TN
LVHW091229150826
845673LV00003B/1071

* 9 7 8 9 1 9 8 8 7 1 3 1 9 *